AF189760

Dieses Büchlein beinhaltet eine kleine Auswahl von Gedichten über die Liebe, das Leben und andere Gedankenwelten, die ich im Laufe von Jahren niedergeschrieben habe – untermalt mit Bildern von verschiedenen Haltungen von Händen, die oft mehr ausdrücken können als die Worte selbst ...

Thomas Ulsperger

Hände lügen nicht

Gedichte über die Liebe, das Leben und
andere Gedankenwelten

Band 2

© Ulsperger, Thomas
Herstellung und Verlag BoD -
Books on Demand, Norderstedt

ISBN: 978-3-7494-8476-8

Die Gedichte

Und weiter geht's mit Gedichten über die Liebe, das Leben und anderen Gedankenwelten.

Wenn man so ein Büchlein schreibt, sollte man meinen, das geht recht zügig – Irrtum. Einzelne Gedichte, Wörter oder Skizzen brauchen oft jahrelang, bis sie die richtige Reife und Form haben, um Gestalt anzunehmen.

Manchmal sehe ich ein Ereignis, das mich berührt und fasziniert. Daraus entstehen dann Gefühle und Worte und wenn ich Glück habe, kann ich diese dann gleich auf ein Papier oder Ähnliches niederbringen.

Leider gibt mir das Leben nicht immer dazu die nötigen Utensilien und die entsprechende Zeit zur Hand, um dies zu vollführen.

So nehme ich oft nur einzelne Wörter mit, die ich später versuche, miteinander zu Gedichten zu verbinden.

Oft bleibt es aber auch bei einzelnen Notizen auf einem Blatt Papier oder auf meinen Smartphone oder auch in meinen Gedanken. Dort liegen sie dann so ganz allein und unbeachtet.

Doch in mir leben sie weiter und viele vereinigen sich zu gegebener Zeit irgendwann zu Sätzen, Versen, Gedichten oder Geschichten.

Manche lege ich aber auch wieder nach dem Herausholen zurück in „meine Wörterkiste", bis die Zeit gekommen ist – oft nach langjährigem Verfeinern und stetiger Korrektur – und ich sie dann niederschreibe.

Im Anschluß folgen einige im Laufe von Jahren niedergeschriebene Gedichte, die fertig sind und abgeschlossen erscheinen, die aber immer noch in mir lebendig und nicht tot sind ...

Der Traum im Mond

Der leuchtende Vollmond scheint durch das
Fenster im Dach.
Die meisten schlafen wohl noch, doch ich bin
wach.
Kalt ist die Nacht und einsam die Tage.
Ob ich mich heute noch nach draußen wage?

Dort begegnen mir oft Gier und Neid.
So schafft es die Menschheit nicht mehr weit.
Kaum ein Blick nach den anderen,
hetzten die Menschen umher, anstatt zu
wandern.

Wie auf Schienen, von Geisterhand gelenkt,
wird keine Zeit, kein Blick auf andere
verschenkt.
Viele haben vergessen, wer und warum sie so
sind.
Verloren sind alle Träume, die sie hatten als
Kind.

Jetzt ist's schon hell, ich blicke nochmal zum
Mond.
Keine Frage, daß es sich lohnt,
nach draußen zu gehen.
Der Mond ist immer da - kann ich ihn auch nicht
mehr sehen ...

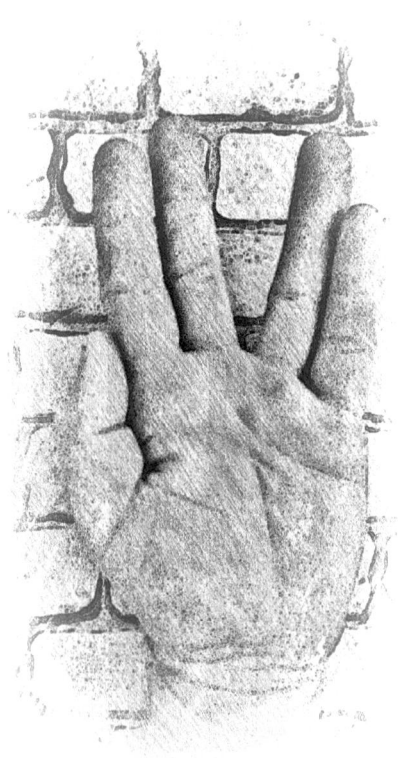

Meine Stadt 1

Obwohl ich nicht müsste
und mich auch beim Aufwachen niemand küsste,
bin ich doch recht früh meinem Bette
entstiegen -
in der Kiste kann ich später noch lange genug
liegen.

Ich mach' mich wieder mal auf, meine Stadt zu
erkunden.
Vieles hat sie mir schon gegeben: Freuden,
Glück, aber auch Wunden.
Also geh' ich raus in den pulsierenden Verkehr,
ab jetzt bin ich nicht mehr ich, sondern nur
noch irgendwer.

Ich wand're vorbei an alten, stilvollen Bauten,
dessen Wände „jugendliche Revolutionäre"
versauten.
Im Prinzip haben sie ja oft Recht -
alles wird mal alt und manches schlecht.

Das Einzige, das beständig ist, ist die
Unbeständigkeit.
Aus Heiterkeit wird bisweilen Traurigkeit -
aus Nähe wird Distanz.
Und am Ende des Weges liegt auf eines Grabes
deplatziert ein Kranz.

Mein Weg führt mich entlang an
Friedhofsmauern,
dahinter ein Ort, an dem Menschen um
Gegangene trauern.
Überm mächtigen Eingangstor steht groß in
lateinischen Buchstaben
das Wort „PAX" - und darüber kreisen Raben.

Wohl war – der einzige ruhige und friedliche
Ort in dieser lebendigen Stadt …

Zugehörigkeit

Gehörst auch Du zu denjenigen Menschen, die
...

... gerne zuhören und zwischen den Zeilen lesen?

... keinen Wert darauf legen, was wird und was gewesen?

... oft zweifeln an den von Menschen geschaffenen Thesen?

... nicht berühmte und wichtige Menschen Freunde nennen, sondern Weggefährten und Fabelwesen?

Gehörst auch Du zu denjenigen Menschen, die
...

... die lieber schweigen, weil kaum jemand mehr richtig zuhört?

... ein Lachen, ein Weinen eher freut als stört?

... ein schwebender, vom Wind getragener Schmetterling mehr als Macht und Geld betört?

... ständig redenden Nichtssagern ihr Ohr verwehren und lieber zuhören, wenn ein Hirsch röhrt?

Gehörst auch Du zu denjenigen Menschen, die
...

... still schreien, lautlos denken und brennend
  fühlen?
... obwohl nicht gewollt, doch meistens
  entscheiden nach ihren Gefühlen?
... lieber ein Samenkorn sind als ein Teil des
  Mehles nach Durchlaufen der Menschen
  Mühlen?
... ihren Platz gefunden haben – zwischen den
  Stühlen? ...

Gefrorene Tränen

Nur zögernd und langsam wird's hell.
Die Erde und auch die Luft tragen ein gräuliches
und weißes Fell.
Noch ist die Nacht nicht gegangen.
Die Welt scheint gänzlich von Schnee und Nebel
gefangen.

Eisig weht der Winterwind,
ohne Schutz wird man vom glitzernden Schnee
blind.
Die Kälte dringt bis in jedes Glied.
Man träumt vom Sommer und pfeift ein
russisches Lied.

Nicht ein jeder übersteht diese harte Zeit,
für manchen ist der Weg zur rettenden Wärme
zu weit.
Die Kälte treibt trübende Tränen in die Augen;
und sie beginnt, das Leben auszusaugen.

Verschwommen fällt der Blick
auf Bilder vom einstigen Glück.
Die fast erstarrten Hände greifen nach Stift
und Papier.
Die Worte geschrieben - weit weg vom Jetzt
und Hier .

Zwei Krähen spielen im Wind,
sie wollen niemand sein - sie sind.
Wie lange ist man nicht mehr so geflogen?
Wie lange hat man sich selbst belogen?

Als Kind hat man einst doch das Fliegen
gelernt?
Und sich langsam immer weiter vom Nest
entfernt -
und auch vom schützenden Baum.
Oder war alles nur ein Traum?

Die Luft unter den Schwingen tut gut.
Weg sind die Zweifel, da ist der Mut.
Man hat fast vergessen, wie gut es tut zu
fliegen.
Und mit Freudentränen das Nichts zu besiegen
…

Mitten in der Nacht

Mitten in der Nacht
bin ich aufgewacht
und hab' an Dich gedacht.

Ich fühlte Dich ganz nah,
doch Du warst nicht da.
War das alles wahr?

Ich fühlte mich der Welt entrückt,
Du hast mich bis ins Tiefste beglückt.
Oder war ich total verrückt?

Ich hoffe nicht.
Und wieder seh' ich Dein Gesicht -
D'rum schreib' ich jetzt dies' Gedicht ...

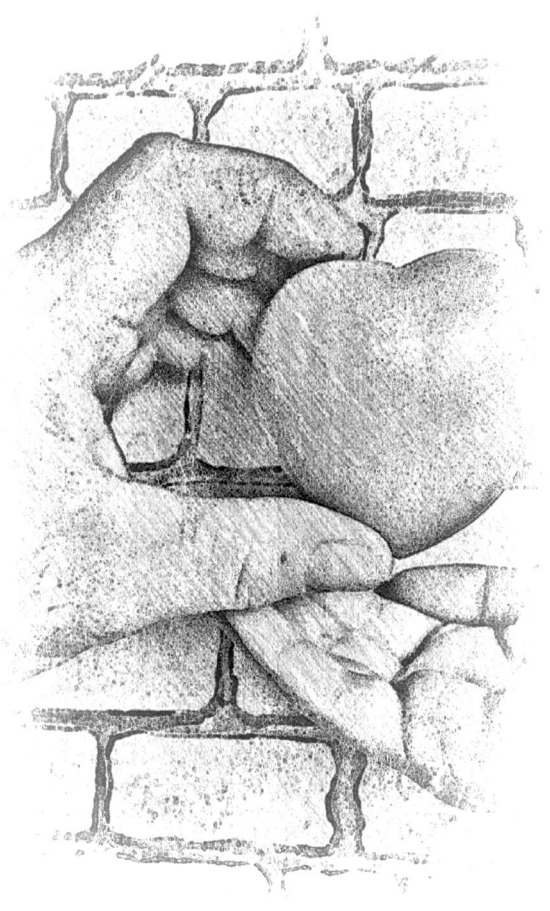

Ein Hoch auf dieses Leben

Was kann es Schöneres geben, als zu sagen:
„Ein Hoch auf dieses Leben" - gerade in diesen
Tagen.

Was hat man nicht schon alles durchlebt –
man hat gefeiert und geliebt.
Manchmal hat die Erde unter den Füßen gebebt-
manche Menschen hat man ausgesiebt.

Manchmal lernte man das Hassen kennen -
dunkle Gefühle, schwere Gedanken.
Manchmal konnte man nicht schnell genug vor
etwas wegrennen.
Bisweilen kam die ganze Welt ins Wanken.

Doch das muss wohl alles mal geschehen -
schließlich hat man ja auch überlebt.
Alle Zeiten werden mal vergehen -
auch die, in denen man nur so vor lauter Glück
schwebt.

Zufriedenheit und Dankbarkeit -
Sonnenstrahlen, die glitzern in den Tautropfen
von Spinnweben.
Freiheit, Eigensinn und Heiterkeit -
„Ein Hoch auf dieses Leben" …

Vög'lein flieg'

Es war ein nebliger und kühler
Frühlingsmorgen -
ich schlenderte dem Tag entgegen ohne
Gedanken an Sorgen.
Auf meinem Weg über Berge, durch Wüsten und
Wälder,
dachte ich nicht an Reichtümer und Gelder.

Plötzlich lag da ein krankes, verletztes Vög'lein
am Wegesrand.
Ohne zu zögern nahm ich es in meine
schützende und warme Hand.
Und als ich so das kleine Vög'lein ansah,
fühlte ich mich , wie noch nie, dem Himmel so
nah.

„Ich werde Dich heilen und pflegen
in sonnigen Tagen und auch bei Regen",
versprach ich dem Vögelein.
„Du bist nicht allein."

Und in mir erwuchs ein Traum:
Mit dem genesenen Vög'lein zu fliegen – von
Baum zu Baum.
Über Meere und Berge zu gleiten -
uns zu verlieren in des Himmels Weiten.

Die Kräfte des Vög'leins nahmen langsam aber
stetig zu.
Wir wurden eins – nicht ich und du.
Die Lebensfreude und der Mut kamen zurück -
man sah es dem Vög'lein an – sein
wiedergekehrtes Glück.

Und so kam der unausweichliche Moment,
den wohl ein jeder kennt,
der träumt und liebt -
von dem man hofft, daß es ihn nie gibt.

Das Vög'lein breitete seine Flügel aus und
verließ meine Hand,
wie wenn uns nie etwas verband.
Flog hinaus in die weite Welt und ward bald
nicht mehr zu sehen.
Ich blieb noch lange regungslos, wie
angewurzelt, so stehen.

Heute denk' ich noch oft an das Vögelein,
egal ob die Sonne strahlt oder bei Monden-
schein.
Und flieg' mit ihm über Berge, Meere und von
Baum zu Baum -
auch wenn ich weiß – es ist und war ja nur ein
Traum ...

Die Zahl Drei

Geburt – Leben - Tod
Reichtum – Armut – Not
Lieben – geliebt werden – hassen
Loslassen – zulassen – sich einlassen

Gemeinsam – einsam – allein
Vater – Mutter – Kind sein
Links – rechts – geradeaus
Gott – Heiliger Geist – Jesus ...

Genug der Dreifaltigkeiten aufgezählt -
genug das Hirn gequält.
Das Einzige und Entscheidende das zählt,
ist, daß man sich mit sich selber vermählt.

Und gibt's da für einen nur drei Möglichkeiten,
überlege man sich, die Zahl Drei auszuweiten.
Und sind es dann dutzende, gar tausende, lasse
man sich nicht verleiten,
daß man Grenzen akzeptiert und nicht
weitersucht in des Lebens grenzenlosen Weiten
...

Antworten?

Kannst Du die Zeit anhalten?
Kannst Du die Zukunft verwalten?
Kannst Du mir sagen,
wann ist's vorbei? In wievielen Tagen?

Kannst Du die Ruhe hören?
Kannst Du des Schlafes Bruder betören?
Kannst Du mir sagen,
warum die Menschen ständig klagen?

Kannst Du ein Bild bewahren?
Kannst Du es sehen mit einem inneren Auge -
auch nach all den Jahren?
Kannst Du mir sagen,
soll man es malen, soll man dies wagen?

Kannst Du Frieden finden in Deiner Welt?
Kannst Du das auch ohne Geld?
Kannst Du mir sagen, ...
Wahrscheinlich nicht – genug der Fragen ...

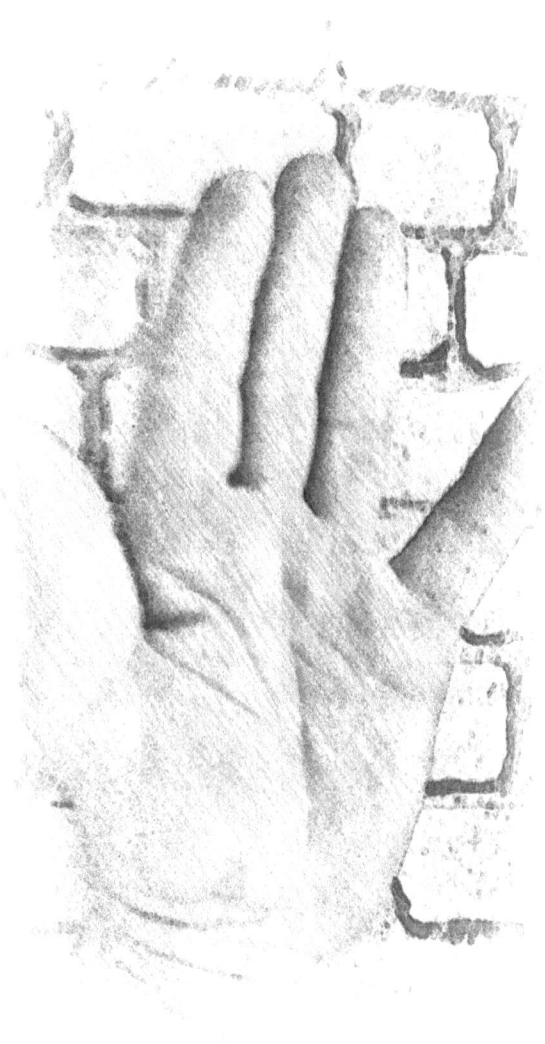

*W*as muss, das muss?

*I*diotis-mus,
Fanatis-mus,
Narziss-mus,
Egois-mus.

Impressionis-mus,
Expressionis-mus,
Surrealis-mus,
Illusionis-mus.

Analphabetis-mus,
Alkoholis-mus,
Sexies-mus,
Orgas-mus.

Kommunis-mus,
Sozialis-mus,
Liberialis-mus,
Kapitalis-mus.

Hinduis-mus,
Katholizis-mus,
Islamis-mus,
Atheis-mus.

Industrialis-mus,
Kolonis-mus,
Rassis-mus,
Extremis-mus.

Alles kann – Nix muss! ...

*A*us – An

*R*aus –
aus Deinem Haus.
Sonst wird aus Deinem Leben nichts mehr
draus –
Aus

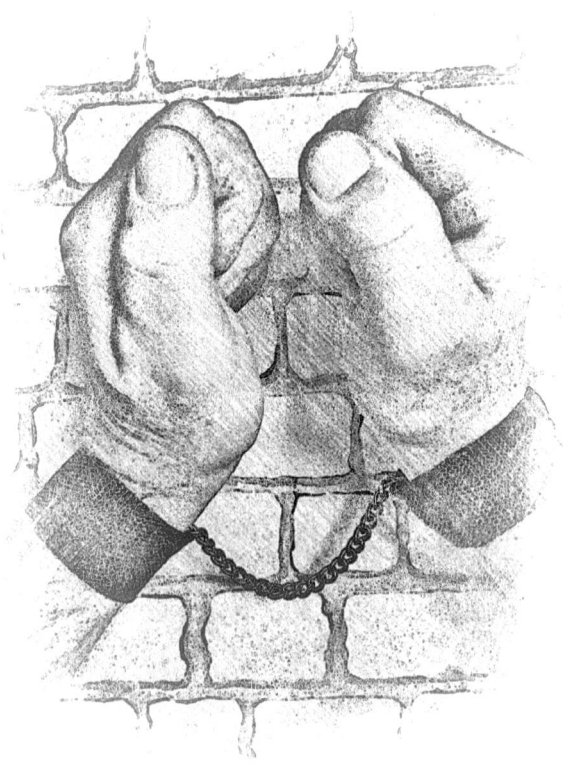

Wann?
Wenn nicht jetzt, wann dann?
Du kannst, was keiner kann -
An

Quo vadis?

Wohin will der Mensch bloß laufen?
Soll man mitrennen, dagegensteuern oder sich
täglich besaufen?
Welche Ideale fallen dem Menschen wohl noch
so ein?
Muss man denn immer etwas erreichen wollen –
kann man nicht einfach nur sein? …

Mut

Viele Menschen kreuzen eines jeden Weges im
Leben.
Die Einen nehmen – die Anderen geben.
Wohl die meisten Begegnungen sind flüchtig.
Bisweilen wird man nach Einzelnen süchtig.

Man möchte die Nähe eines liebgewordenen
Menschen nicht mehr missen,
möchte seinen Kopf nicht mehr alleine betten
auf seines Kissen.
Gemeinsam durch Täler und auf Berge wandern-
man möchte alles teilen mit dem Ander'n.

„Verliebt sein" nennt man das wohl -
das Herz schlägt wild, der Kopf ist hohl.
Nach einer Weile gewinnen dann doch oft die
Gedanken die Übermacht.
Und die Liebe wird nicht mehr gelebt – sie wird
nur noch gedacht.

Spätestens jetzt wird es Zeit zu gehen.
Auch wenn man's nicht wahrhaben will, man
will's einfach nicht sehen.
Doch einzig der Weg des Herzens zählt -
Ansonsten wird der Andere und man selbst nur
noch gequält …

Fern-sehen

Mancher liebt sich selbst zu sehr,
sieht und hört nichts anderes mehr.
Fühlt die Nähe des Lebens nicht,
liest nicht mehr in des Gegenübers Gesicht.

Mancher hört auf, sich zu belohnen
durch zwischenmenschliche Aktionen.
Lebt nur noch in einer von ihm selbst
geschaffenen Welt,
die nur für ihn und niemand anderes zählt.

Mancher sieht nicht mehr in die Ferne,
lebt im Dunkeln ohne funkelnde Sterne.
Gefangen in seinem eigenen Universum -
taub und blind und stumm ...

Meine Stadt 2

Heute wand're ich mal wieder in und durch
meine Stadt.
Nach all den Jahren sollte man meinen, ich hätt'
sie längst satt.
Doch jedesmal zeigt sie mir ein anderes
Gesicht.
Meine Liebe zu ihr stirbt noch nicht.

Also geh' ich raus aus meiner Bleibe.
Zu Fuß – nicht durch eine störende Scheibe,
sauge ich alles auf von ihr -
alle Gerüche, Farben und all das
Geräuschegewirr.

Der Herbst hat Einzug in die Stadt gehalten.
Alles wird blasser und grauer und beginnt zu
erkalten.
Über die Dächer hat sich dicker Nebel gelegt.
Die Luft steht still, kein Herbststurm, der ihn
wegfegt.

Die meisten Menschen richten den Blick nach
unten und sehen es nicht -
bunte Blätter verleihen dem Finsteren Farbe
und Licht.
Gelb und rot und orange leuchten Bäume und
schreien ihre Farben hinaus.
Ein Ahorn schmettert sein Gelb an Mauern von
einem strahlend blauen Haus.

Graue Gesichter, dunkle Mäntel und schwarze
Hüte -
ich wünschte, daß alles und jeder um mich herum
erblühte.
Und plötzlich erhebt sich aus dem düsteren
Menschennebel eine Melodie -
ich folge ihr – immer deutlicher wird sie.

Da seh' ich einen Mann – ganz ohne Beine.
Er sitzt in seinem Rollstuhl in mitten des
Menschenwirrwarr – ganz alleine.
Seine Hände und eine Geige verschmelzen zu
einem Lied.
Seine Augen blicken nach oben – was er da wohl
sieht?

Ein Lächeln erfüllt sein strahlendes Gesicht -
in seinen Augen spiegelt sich ein Licht.
Ich lausche den Klängen – alles verschwindet,
was um mich herum geschieht.
Tief bewegt wandere ich zurück in meine Bleibe
und pfeife ein fröhliches Lied …

Die Reise ins Ungewisse

Das Haar ist grau

und die Glieder schmerzen bisweilen.
Wohin die Reise geht – ich weiß es nicht genau.
Ich kann dem Schicksal sowieso nicht enteilen.

Was soll ich mich auch damit befassen?
So Vieles möchte ich noch erleben.
Warum sollte ich das Leben hassen?
„Growing older" - was kann's Schöneres geben.

Viele fürchten sich vorm Alter.
Nehmen Äußerlichkeiten viel zu wichtig -
werden immer kalt und kälter -
werden kurz- anstatt weitsichtig.

Nie den Blick riskieren zu den Sternen,
immer Sicherheit im Kleinen finden.
Nie sich begeben zu anderen Welten – zu
fernen,
in der Enge und Nähe erblinden.

Am Himmel ziehen Schwalben übers Land -
auf ihrem Weg in eine lebenswertere Welt.
Getragen von ihren Federn, ihrem leichten
Gewand -
gehen sie auf ihre Reise ins Ungewisse – nichts
Anderes zählt …

Against the Wind

Draußen ist es naß, dunkel und grau.
Wie lange das schon so ist, ich weiß es nicht
genau.
Die kahlen Äste der Bäume biegen sich von der
einen zur anderen Seite.
Das Grau verhindert einen klaren Blick in die
Weite.

Wohlbehütet blickt man kurzsichtig zum
Fenster raus.
Man ist ja sicher in seinem Schneckenhaus.
Doch dick und stickig vernebelt die Luft eines
Gedanken.
Hauptsache das Geld liegt sicher auf den
Banken.

Der Mut hat einen schon längst verlassen
und man beginnt, alles und auch sich selbst zu
hassen.
Eingeschlossen und in sich gekehrt,
wird einem der Blick auf die große Freiheit
verwehrt.

Meins ist das nicht.
Doch zieh' ich nicht mit anderen ins Gericht.
Mit allen Sinnen die Natur spüren -
wenn mich ihre Kräfte berühren.

Ein unsichtbarer Wind streichelt mir über die
Haut.
Erst durch die Bäume wird er laut.
Draußen, wo die Wolken Bilder malen am
Firmament,
da findet Ihr mich, wo die Flamme der
Sehnsucht brennt.

Im Sturm schlagen mir die Regentropfen ins
Gesicht.
Ich verliere fast mein Gleichgewicht.
Am Boden wehen mir tote Blätter entgegen.
Ich werde mich weiter gegen den Wind bewegen
...

Einmaligkeit

Einmal nur erblickt man das Licht der Welt.
Einmal nur wird ein Baum gefällt.
Einmal nur wird man geboren.
Einmal nur hat man sein Leben verloren.

Einmal schließt man einen Bund.
Einmal ist jede erlebte Sekund'.
Einmal hat man sich entschieden.
Einmal will man den ewigen Bund schmieden.

Kein zweites Mal erblickt man die Welt.
Kein zweites Mal hat man die Einmaligkeit
entdeckt.
Kein zweites Mal erlebt man jeden Moment.
Kein zweites Mal sieht man das gleiche
Firmament.

Immer und immer wieder hört man die gleiche
Musik.
Immer und immer wieder sucht man das Glück.
Immer und immer wieder träumt man den
gleichen Traum.
Immer und immer wieder wächst ein anderer
Baum.

Unendlich scheint bisweilen die Zweisamkeit.
Unendlich scheint auch manchmal die
Vertrautheit.
Unendlich scheint die Suche nach einem neuen
Beginn.
Unendlich scheint die Suche nach einem
höheren Sinn.

Endlich ist das Leben.
Endlich sind durch Stürme die Kunstwerke aus
Spinnweben.
Endlich ist jede Zweisamkeit.
Endlich ist nie die Einmaligkeit ...

Seifenblasen

Die Sonne geht zu Bett und ihre Geschwister
erhellen langsam die Nacht.
Meine Gedanken kreisen um Erinnerungen – mein
Herz lacht.
Viele schöne Momente hab' ich geteilt,
viele Bande sind gerissen und Liebgewordenes
enteilt.

Stein auf Stein hab' ich Häuser errichtet,
Schritt für Schritt hat sich der Nebel
gelichtet.
Hab' Seifenblasen in die laue Luft gehaucht,
bin tief in Träume eingetaucht.

Moose und Flechten wachsen nun auf den
Steinen.
Nichts kann die Steine je wieder zu einem
Ganzen vereinen.
Geplatzt sind längst alle Seifenblasen im Wind -
warum hat mir niemand gesagt, daß Seifenblasen
nicht für die Ewigkeit sind?

Die Sterne wandern am Firmament vorbei,
ich wand're mit – und fühl' mich frei.
Über Steine im Weg wird nur noch gelacht.
Und ich puste wieder Seifenblasen in die Nacht
...

Gewidmet ist dieses Büchlein all denjenigen, die mich auf meiner Reise bisher begleitet haben, begleiten und noch begleiten werden – und denen, die ich auf ihrer Reise begleiten durfte …

Für Euch

Vielen Dank noch an Trixi, die mir bei der Erstellung des Bildes in der Mitte des Buches geholfen hat und an die beiden „Handmodels" Lena und Lisa …

Illustration: Thomas Ulsperger

Am Ende möchte ich noch auf zwei weitere
Bücher von mir hinweisen - „Im Spiegel der
Birke", zwanzig nahezu unmenschliche Parabeln.

Und „Hände sagen oft mehr als tausend Worte",
Gedichte über die Liebe, das Leben und andere
Gedankenwelten, Band 1

Erhältlich sind die Bücher unter www.bod.de,
www.thomasu.de, in vielen Buchhandlungen und
zahlreichen Online-Buchshops (auch als E-Book).